POEMAS DE MÁS

Poesía en nombres

DJSM

Poesía en Nombres

Vol 4

Un nombre no es suficiente, cuando un escritor le da vida.

Te doy la bienvenida

En este libro corto, se podrá encontrar poemas,
escritos con el mejor sentimiento hacia usted lector,
para que sea capaz de poder percibir y sentir con las
palabras plasmadas en estas páginas.

Son solo dedicación por tomar un reto, escribiendo de
una manera muy particular tomando una lista de
nombres, poniéndoles el empeño suficiente para
poderlo transformar en algo hermoso para compartir
con un conocido.

Tabla de contenido

Amar

por DJSM

*S*olo basta una mirada
    De los ojos de un ser amado,
*A*nte un instante de amor
    Cobijado por estrellas,
*N*ada será más inoportuno
    Que las palabras silenciosas,
*T*omado las riendas de una
    Situación que nadie quiere,
*H*ojeando con recelo las palabras
    Ocultas en la oscuridad,
*I*nertes miran con fascinación
    Las peleas entre dos individuos,
*A*mantes de pasión desbocados
    En la oscuridad en una habitación,
*G*olpeando la misma noche
    Que los cobija con su manto,
*O*diando los rayos de luz
    Que intentan descubrirlos.

La Palabra

por DJSM

*M*adurez oculta de mí,

    Entre palabras jóvenes

    Que aún no nacen,

*A*nte letras que quieren

    Darse a conocer

    Con frases cortas,

*T*eniendo la fuerza

    Necesaria con la que

    Luchan por salir,

*T*ratando solo con

    Un cuerpo invisible para

    Nuestros ojos ciegos

    Por el conocimiento adquirido,

*E*ntre silencios y gritos

    Toman las suficientes ganas

    De derrumbar la pared

    Del silencio absoluto.

*O*h la primera palabra dicha.

Foto

por DJSM

*A*tardecer contigo a mi lado,

    sentados sobre un verde césped,

    frente a un lago azul,

*M*irándonos fijamente,

    como si no existiera nada más,

    entre nuestras caras sonrojadas,

    por el amor que nos tenemos;

*E*l estar en la quietud,

    de un momento de entrega,

    entre dos individuos perdidos,

    en un instante en silencio absoluto;

*L*atir de dos corazones sincronizados,

    con un fondo lleno de colores,

    como una foto inerte,

*I*deando el amor en pareja,

    entre sueños palpables por la realidad,

    enmarcados en una sola fantasía,

*A*rdiendo en pasión por este beso.

Juegos de amar

por DJSM

Determinado a soñar,

con juegos infantiles de pareja,

en los instantes de amor;

Risas de ensueño por regalar,

a la persona que amo,

con juegos que solo conocemos,

Arte hecho realidad por dos,

entre figuras dibujadas por ideas,

plasmadas en situaciones de amor,

Karma instantáneo de felicidad,

donde el amor está en el aire,

con cada palabra o gesto,

en el juego de amar a alguien,

Entusiasmo por cada regla puesta,

donde nunca hay perdedores,

solo ganadores de amor,

en una lucha de igualdad,

entre más abrazos o besos regales.

Fallido

por DJSM

*M*arco un territorio perdido,

    entre nuestros recuerdos,

*A*rmando historias tristes,

    entre lo que fui alguna vez,

*R*ozando vivencias que se juntan,

    con cada aroma guardado en mi memoria,

*G*ritando la soledad de un corazón,

    triste y abandonado;

*A*hora que vuelven las esencias,

    de cada territorio conocido,

*R*ezo de manera particular,

    para que regresen los necesarios,

*I*deando de forma muy particular,

    todos ellos que fueron malas experiencias,

*T*eniendo las agallas para afrontar,

    lo que viene de pasado,

*A*hora soy solo eso en la historia,

una experiencia fallida en vida.

Lejania

por DJSM

*L*ejos oculto en las penumbras,

    están los sentimientos de un amor;

*E*xagero sin saber la realidad,

    de la persona que los tiene,

*O*bviamente me escudo en no saber,

    ocultándome de mi mismo,

*N*inguna acción remedia lo escondido,

    dentro de un cuerpo vacío,

*A*hora solo debe bastar lo oculto,

    dentro de la misma oscuridad,

*R*ogando solo por un rayo de luz,

    nacida en una reacción provocada,

*D*eterminado si es en realidad amor,

    o solo el sentimiento vacío de una mirada,

*O*bligada por una situación no favorable,

    donde solo se contempla la persona,

    en las lejanas tierras del conocer,

    donde solo la mire una única vez.

Perdición

por DJSM

*Ve*ntanas del alma,

    con cortinas color café claro,

*A*dmirando a lo lejos la mujer amada,

    acercándose de manera sigilosa,

*L*entamente se acelera mi corazón,

    con cada paso que eleva mi ser,

*E*ntrando de manera abrupta,

    en cada pensamiento no deseado,

*N*inguna idea se escapa del vacío,

    que provoca solo con su caminar,

*T*otalmente un caos en mi cabeza,

    dejas mis ideas locas con solo su mirada,

*I*nundando las pocas ganas de escapar de ti,

    difuminando la línea del amor y la amistad,

*N*o es tarde para pensar en que te amo,

    o solo te ansió tenerte cerca y abrazarte,

*A*hora solo te tengo en mis pensamientos,

    ya que me han dejado callado.

Solitarios

por DJSM

*S*olitario y abandonado sin suerte
    frente a una hoja en blanco,
*E*stá un triste escritor de experiencias,
    tratando de plasmar una vida,
*B*otando todas las ideas que no llegan,
    forzando su poca imaginación;
*A*hora quiere transmitir su vida,
    con palabras llenas de sentimientos,
*S*osteniendo con sus manos un lápiz,
    encontrado y abandonado mientras escribe,
*T*oda una aventura perdida,
    Entre dos seres solitarios y perdidos,
*I*deando un mundo fantasioso,
    donde plasman ideas perfectas;
*A*mistad de seres imperfectos,
    encontrados por el azar de la existencia,
*N*inguna historia escrita tendrá valor,
    para individuos llenos de sentimientos.

Incierto

por DJSM

*J*untos como si no existiera un mañana,
    esperando que solo llegue el día,
*E*n que seamos uno solo contra el mundo,
    mientras luchamos con nuestros miedos,
*N*adie será capaz de detener este amor,
    que nace de palabras y miradas;
*N*ingún cometario ajeno a nosotros,
    será tomado en cuenta en la memoria,
*I*nerte de dos seres que se aman ciegamente,
    donde solo llegan las palabras nuestras;
*F*antasmas de un pasado distante acechando,
    la burbuja creada por un amor,
*E*stán predestinados a la lucha constante,
    con cada prueba colocada en el camino,
*R*ozando la fina capa de esta burbuja,
    dejando entrar todos los malos recuerdos,
    que afectan un amor que está inquieto,
    por cada secreto que no fue compartido.

Futuro
por DJSM

*M*ientras acabo con mis sueños,

    de una vida tan común como la mía,

    el cómo me disfrazo solo para vivirla,

*A*hogándome con mis propias palabras,

    que fueron escritas en el tiempo,

    ese que no olvida solo me lo recuerda,

*T*omándolos en sus frías manos,

    apagando la llama con la que me levanto,

    en cada mañana donde quiero luchar;

*H*iriendo cada vez más el sueño frustrado,

    de lo que un día podría ser,

    o mejor aún todos los se serian mis sueños,

*I*dealizando un futuro demasiado imperfecto,

    donde todo puede pasar en un día,

    o nada puedes pasar en meses,

*A*horrando en pensamientos olvidados,

    en el flujo del tiempo perdido en mis recuerdos,

*S*i solo me dejara ser libre de su yugo.

Sentencia

por DJSM

*J*uez y verdugo en una situación,
   donde las palabras dañaron dos corazones,

*U*ltimátum en una relación perdida en el tiempo,
   entre sueños fallidos de amor jurado,

*L*ocuras en juicios por que hice y no hice,
   encerrados en burbujas de diferente color,

*I*dealizando cada posible idea de reencuentro,
   de dos partes muy dolidas por recuerdos,

*A*ñorando esos tiempos de amor eterno,
   donde solo los hechos de amor se decían,

*A*ños perdidos para dos partes dolidas,
   donde solo los recuerdos afloran amor,

*N*ada será tan fuerte como lo fue en el pasado,
   pero se podrá darle nuevas formas al amor,

*A*hí es donde solo las palabras dictadas,
   como una sentencia fría e inerte,

   tendrá repercusiones para reescribir,
   todos los nuevos destinos para los dos.

Oportunidad

por DJSM

*P*osibilidades en cada reencuentro

　　de dos corazones solitarios,

　　buscando en la desesperación,

　　que fue disfrazada por la soledad,

*A*ñoranzas de un amor no encontrado,

　　entre tantas tristezas causadas,

　　por desamores de un corazón roto,

　　por las mal injustificadas mentiras,

*B*ajando todas las ilusiones de esos sueños,

　　que fueron ideados por las ganas de verte,

　　encuentros planificados sin ayuda del destino,

　　en donde solo se quiere recrear el amor,

*L*ocuras entre corazones desvalidos,

　　intentando sobresalir entre tantos,

　　como si fuera una lucha sangrienta,

　　por todos los que hay en este mundo,

*O*bediencia en una lucha desigual,

　　por una sola posibilidad de encontrarte.

Instante

por DJSM

*E*ndureciendo mi alma,

    con pruebas de desigualdad,

    puestas solo para mí;

*I*nertes y sugestionables todas ellas,

    dejándome en el piso sin ganas,

    donde solo me hace mirar hacia allí,

*L*idiando con mis propias ideas,

    si me quedo en el piso,

    o solo decido a levantarme por mí;

*L*aberinto de emociones dentro de mi ser,

    peleas tan sangrientas por saber,

    que emoción tiene la razón,

*E*goísta aquella que gana en mi interior

    soltando las palabras justas para el momento,

    donde me he quedado solo,

*E*sperando la ayuda de la emoción,

    que solo me dio un impulso para luchar,

*N*arrando solo instante de valentía.

Sueños

por DJSM

*F*uerza inquebrantable en mis sueños,
    donde tengo el poder de amar,
*E*stando en un mundo inerte,
    que yo mismo cree con mis pensamientos,
*R*ogando que esos malos días,
    no se conviertan en pesadillas,
*N*adando en un mar de ilusiones,
    donde mis ideas pueden cobrar vida,
*A*rdiendo como un fuego inerte,
    donde el mismo no me hace daño,
*N*inguna idea podría cobrar vida,
    solo podría con mis palabras narradas,
*D*ebilidad por las letras escritas,
    dando una brevedad de locura en vida,
*O*bsequiando una luz en medio de las penumbras,
    de sueños escritos en la oscuridad,
    como si fueran realidades externas,
    a vidas futuras ocultadas en el pasado.

Historia

por DJSM

*S*onriendo por un amor olvidado,

    que me trae lindos recuerdos,

    por cada situación que fue impredecible,

    mientras sostenía tu mano,

*A*hora estoy solo con mis pensamientos,

    ahogándome en lágrimas saladas,

    por cada vez que te falle,

    esperando por una mirada tuya,

*R*ogando por una salida de esta oscuridad,

    en donde me arrastro por solo verte,

    perdido por mis propias actuaciones,

    que fueron actos de amor digo yo,

*A*hora y en este momento es tristeza,

    que carcome mis ganas de luchar,

    por algo que pudo ser y no fue,

    donde solo me conformo con mi oscuridad,

*H*azañas hechas por un amor no correspondido,

    en una historia de una sola cara.

Risas

por DJSM

*R*isas robadas por una mirada,

    donde son recibidas con los brazos abiertos,

    llegando a mundos fantasiosos;

*I*deas locas de un hombre feliz,

    que siente un vacío difícil de llenar,

    siendo un agujero que expande horizontes;

*C*ada sonrisa alegra este pobre corazón,

    que vive enfrascado en la fantasía,

    donde nadie te hace daño,

*A*ñorando mundos oscuros que se ocultan,

    de las más sinceras sonrisas,

    de esas que te liberan de la oscuridad,

*R*ozando el fino hilo de la sobriedad,

    de un hombre al borde de la locura,

    por dar alegrías a cualquier desconocido,

*D*isfrazando su cara de tristeza,

    con cada sonrisa pedida o robada,

*O*diándose a sí mismo por lo que hace.

Saber

por DJSM

*B*usco respuestas en mi interior,

    donde solo aparecen más preguntas,

    que no fueron formuladas,

*R*estregándome la inocencia,

    en la que ando por no saber la sencillez,

    de las respuestas que me fueron regaladas.

*I*nsistiendo en preguntar,

    a la persona que jamás me responderá,

    solo me dará pequeños indicios,

*A*lardeando de lo que no se,

    como si fuera un genio de la nada,

    sabiendo solo cosas innecesarias,

*N*adando en un mar de conocimiento,

    que inquieta con cada respuesta,

    siendo las preguntas las más sencillas,

*N*ada más inerte que una respuesta vacía,

    dicha de la manera más tranquila,

*A*nticipando todas aquellas que conozco.

Indecisión

por DJSM

*D*igo cosas sin sentido,

en momentos imprecisos,

en las situaciones que no lo ameritan,

*A*lgo que me pasa solo a mí,

siendo una persona indecisa,

por cada decisión tan mal tomada,

*N*egándome de maneras muy precisas,

las posibles diferencias irrefutables,

que consumen mi inconsciencia,

*I*deando a un individuo cuestionable,

en cada ideal que no fue cierto,

fluctuando las posibles decisiones,

*E*ntrando con las infinitas inseguridades,

de un individuo avergonzado por sus ideas,

e inseguro por querer y no poder realizar,

*L*abrando un camino de incertidumbre,

donde solo se espera el momento preciso,

para ser esa persona que sobresale por ser.

Brevedad

por DJSM

*D*os hermosos ojos de color café,

    enmarcados por tu sonrisa,

    que esconde un ser muy especial,

    con el cual todos soñamos,

*A*necdótico lo de tus rasgos,

    que disfrazan lo hermosa que eres,

    no es por alabar a una persona,

    que solo conozco en mis sueños,

*I*dealista de un ser fragmentado,

    en realidades adversas,

    ocultándose entre tantas personas,

    dejándome solo partes en sueños perdidos,

*S*aboteando cada parte que encuentro,

    como si no quisiera que la encontrara,

    en este mundo que ya es demasiado grande,

    e irregular como me llegan tus rasgos,

*Y*acimiento de posibilidades para encontrarte,

    sabiendo que solo pasaste una vez cerca de mí.

Aun con sueños fragmentados,
dibujando fantasías con palabras que no
sé cómo describirlas.

Por DJSM